SELECCIÓN CULINARIA

SOPAS

AF531061

BLUME

Contenido

El secreto de la sopa 4
Sopa de hinojo, espárragos y guisantes 6
Crema de tomate 9
Bisque de langosta 11
Crema de espárragos 13
Sopa de berros y patatas 15
Sopa de chirivía y mostaza 17
Vichyssoise 18
Sopa de puerro, ajo y bacon asados 21
Sopa de hortalizas asadas 23
Consomé de buey 25
Sopa de pimientos asados con tortilla de hierbas 27
Sopa de calabaza asada 29
Caldo 30
Sopa de garbanzos marroquí 34
Sopa de pescado al azafrán 37
Sopa de queso y patata 39
Bullabesa 41
Sopa de cebolla francesa 43
Sopa cubana de judías negras 45
Sopa de *won ton* 46
Sopa de garbanzos, chorizo y costillar de cerdo 49
Sopa tailandesa de pollo y mazorquitas 51
Gazpacho 53
Sopa de eglefino ahumado 55
Sopa de jamón y guisantes 56
Caldo escocés 59
Sopa *mulligatawny* 61
Tom Kha Gai 63
Sopa de tomates asados 65
Cazuela rústica 66
Sopa de hortalizas primaverales 69
Borscht de buey 71
Sopa de pollo con hortalizas 74
Minestrone 77
Guarniciones 78

El secreto de la sopa

Nada se puede comparar a una sopa casera. Es un plato sabroso y sorprendentemente fácil de preparar si se siguen ciertas normas de sentido común, y puede ser elaborado o sencillo según requiera la ocasión.

Un conocido dicho francés dice: «la sopa es a una comida lo que un vestíbulo a una casa»; es decir, la sopa debe elegirse cuidadosamente como anticipo al resto de la comida. Con algunas sopas, como con los consomés y caldos ligeros, todavía es este el caso, pero muchas otras se han convertido en un plato delicioso, nutritivo y lleno de sabor por derecho propio. Hoy en día existen muchos tipos distintos de sopas, que varían en su preparación, cremosidad y consistencia. Tenemos los caldos, calderetas, consomés y una gran variedad de sopas cremosas.

La historia se remonta a la sopa más famosa de todas, la *minestrone*, que se elaboró por primera vez durante las cruzadas, cuando los soldados italianos cocieron carne en agua para hacer un caldo sencillo y pidieron a los aldeanos que contribuyeran a su preparación con hierbas y verduras. Un comienzo muy humilde para uno de los platos más famosos del mundo.

LOS SECRETOS DEL CALDO

Dado que una sopa es el modo ideal de aprovechar los restos que quedan en el frigorífico, ésta será tan buena como sus ingredientes, constituyendo el caldo la base de cualquier buena sopa. Existen muchas alternativas para elegir el caldo. Puede utilizar un caldo casero, un caldo fresco refrigerado en *tetra brick* o los populares cubitos. El mejor es el caldo casero y, como puede congelarse, se puede preparar una buena cantidad cada vez que se haga. Los *tetra brick* son cómodos, igual que los cubitos; sin embargo, hay que comprobar la etiqueta y elegir aquellos naturales y sin aditivos como el glutamato monosódico. Los caldos comerciales siempre suelen ser más salados que

SOPAS A FUEGO LENTO

La mayoría de estas recetas se prepara en ollas o cacerolas de fondo grueso. Esto se debe a que el fondo distribuye el calor de forma uniforme y evita que la sopa se pegue al fondo. Las cacerolas demasiado anchas y bajas provocan una evaporación excesiva. En cada receta se indica si hay que tapar el recipiente. Si no hay que taparlo, la sopa hervirá y, al evaporarse el líquido, se reducirá y espesará. Por lo tanto, si la sopa le queda un poco líquida, sólo tiene que hervirla sin tapar hasta que se reduzca. La mayoría de las sopas se cuecen a fuego muy lento, por lo que su superficie apenas se agita, mientras que otras se hacen a fuego algo más vivo, pero sin que las burbujas lleguen a romperse sobre la superficie. Una sopa hierve cuando las burbujas rompen su superficie. Si la receta indica que debe cerrar parcialmente la olla, incline la tapa para que quede una ranura por la que pueda escapar el vapor.

La sopa que se cuece a fuego lento presenta cierto movimiento.

Cuando la sopa hierve, las burbujas rompen la superficie.

Destape parcialmente el recipiente si la receta lo indica.

los caseros, por lo que debe probar la sopa antes de sazonarla con sal y pimienta. Sazone la sopa siempre al final de la cocción, puesto que los tiempos de elaboración largos concentran su sabor.

Intente utilizar el tipo de caldo que se indica en la receta. Un caldo de ternera puede resultar demasiado pesado en un receta que deba hacerse con caldo de pollo, mientras que los vegetarianos pueden preferir caldos de verduras en su lugar.

REDUCIR A PURÉ Y FILTRAR

Muchas sopas se trituran antes de servirlas, y para ello deben seguirse ciertos consejos. Deje enfriar la sopa un poco, para no quemarse si salpica. Puede enfriarla más rápidamente pasándola a un cuenco y después lavar el recipiente de cocción y verter dentro el puré para calentarlo. Utilice un robot o una batidora, con la que obtendrá un resultado más fino aunque la sopa suele espumar un poco. Prepare el puré por tandas, nunca llene el robot o la batidora más de la mitad.

De vez en cuando hay que filtrar la sopa, en especial cuando se prepara el caldo para una receta. Un tamiz de malla fina, en lugar de un colador, suele ser lo adecuado. Algunas sopas claras tienen que filtrarse varias veces a través de un tamiz forrado con una muselina húmeda. Si no tiene muselina, utilice un paño de cocina húmedo.

PREPARACIÓN PREVIA

Muchas sopas se pueden preparar de antemano; de hecho, saben mejor si se dejan reposar toda la noche en el frigorífico, ya que los sabores se desarrollan plenamente. Piense bien en los ingredientes de la sopa para saber si se conservará bien, por ejemplo, si lleva crema de leche, añádala cuando vaya a servirla. Lo mismo ocurre con la pasta; por ejemplo, si añade pasta a una *minestrone*, quedará demasiado blanda si la deja reposar. Normalmente, las sopas se pueden conservar en el frigorífico 3 días o congelarse en recipientes herméticos o bolsas para congelar de 1-3 meses. Muchas sopas se espesan cuando reposan, por lo que hay que diluirlas al volver a calentarlas. Añada caldo del mismo tipo, agua o crema de leche, según sea lo más indicado. También tendrá que probarla de sal.

Las sopas límpidas se pueden filtrar a través de un tamiz forrado con una muselina húmeda.

Algunas sopas se espesan al dejarlas reposar y deben diluirse cuando se vuelven a calentar.

Sopa de hinojo, espárragos y guisantes

TIEMPO DE PREPARACIÓN: 20 minutos
TIEMPO DE COCCIÓN: 40 minutos
Para 4 personas

30 g de mantequilla
1 ½ cucharadas de aceite de oliva
1 puerro, sólo la parte blanca, en rodajas
1 bulbo de hinojo, en rodajas
375 g de espárragos, troceados
1 diente de ajo, picado
8 hojas de menta, picadas
150 g de guisantes desgranados o congelados (400 g en vaina)
200 g de patatas, en dados
1 l de caldo de pollo o verduras
una pizca de pimienta de Cayena
una pizca de nuez moscada molida

Picatostes de menta y ajo

20 g de mantequilla
1 cucharada de aceite de oliva
2 rebanadas de pan de molde blanco de la vigilia, sin corteza, cortadas en cuatro
hojas de menta
2 dientes de ajo, en rodajas, en agua fría

1 Caliente la mantequilla y el aceite en una cacerola y añada el hinojo y el puerro. Sofría a fuego medio de 8-10 minutos y agregue los espárragos, el ajo, la menta, los guisantes y la patata. Deje cocer 1 minuto.

2 Vierta caldo hasta cubrir las verduras y lleve a ebullición. Retire 4 yemas de espárragos, sumérjalas en un recipiente con agua fría y resérvelas. Baje el fuego y deje cocer a fuego lento de 15-20 minutos o hasta que las verduras estén tiernas. Deje enfriar ligeramente y reduzca a puré con el robot o batidora. Devuélvalo al recipiente con el resto del caldo, la pimienta de Cayena y la nuez moscada, y sazone.

3 Precaliente el horno a 190 °C. Para los picatostes, derrita la mantequilla y el aceite y pincele con ello ambos lados del pan. Colóquelo en una placa de hornear. Trocee las hojas de menta por la mitad y colóquelas sobre el pan; seque el ajo y colóquelo encima de la menta. Rocíe con el resto de la mantequilla y el aceite. Hornee 5-6 minutos.

4 Recaliente la sopa ligeramente y sírvala adornada con los picatostes y las yemas de los espárragos.

Abra las vainas para desgranar los guisantes o tire de la hebra.

Con unas pinzas, retire 4 yemas de espárragos y sumérjalas en agua fría.

Coloque las hojas de menta y el ajo sobre el pan.

Crema de tomate

TIEMPO DE PREPARACIÓN: 25 minutos
TIEMPO DE COCCIÓN: 30 minutos
Para 4 personas

1,25 kg de tomates
1 cucharada de aceite
1 cebolla, picada
1 diente de ajo, picado
375 ml de caldo de pollo
2 cucharadas de tomate concentrado
1 cucharadita de azúcar
250 ml de crema de leche

1 Haga un corte en forma de cruz en la base de los tomates. Cúbralos con agua hirviendo durante 1 minuto, sumérjalos luego en agua helada, escúrralos y pélelos. Con una cuchara, retire las semillas y tírelas, y pique la carne en trozos grandes.

2 Caliente el aceite en una cacerola y sofría la cebolla durante 3 minutos o hasta que esté tierna. Añada el ajo y cueza 1 minuto más. Añada el tomate y deje cocer 5 minutos más, removiendo de vez en cuando, hasta que esté muy blando. Añada el caldo, lleve a ebullición, reduzca el fuego y deje cocer a fuego lento 10 minutos.

3 Deje enfriar la sopa ligeramente y pásela a un robot. Bátala por tandas hasta que esté homogénea y devuélvala a la cacerola. Añada el tomate concentrado y el azúcar y lleve a ebullición, removiendo continuamente. Baje el fuego y añada la crema de leche, pero no permita que la sopa hierva. Sazónela al gusto antes de servir. Sírvala con una cucharada extra de crema y perejil picado si lo desea.

Sumerja los tomates en agua helada y pélelos.

Cueza los tomates, removiéndolos hasta que estén muy tiernos.

Añada el tomate concentrado y el azúcar y lleve a ebullición removiendo.

Bisque de langosta

TIEMPO DE PREPARACIÓN: 60 minutos
TIEMPO DE COCCIÓN: 1 hora
Para 4 personas

400 g de cola de langosta cruda
100 g de mantequilla ablandada
7 cebollas tiernas, picadas
1 cebolla, picada
1 zanahoria, picada
1 l de caldo de pescado
4 ramitas de perejil
1 hoja de laurel
4 granos de pimienta
40 g de harina
440 ml de tomate triturado
1 cucharada de jerez, opcional
125 ml de crema de leche
una pizca de nuez moscada
2 cucharaditas de estragón picado

1 Corte la cola de la langosta por la mitad. Derrita la mitad de la mantequilla en una cacerola, añada la cebolla tierna y la cebolla, y sofríalas durante 5 minutos o hasta que estén tiernas pero sin dorarse. Añada la zanahoria y sofría durante 2 minutos. Incorpore las mitades de langosta, el caldo de pescado, el perejil, la hoja de laurel, los granos de pimienta y 600 ml de agua. Lleve a ebullición, reduzca el fuego y deje cocer a fuego lento durante 20 minutos, retirando la espuma de la superficie a medida que sea necesario.

2 Retire la langosta del caldo, déjela enfriar un poco y desprenda la carne del caparazón. Aplaste los caparazones y vuelva a añadirlos a la cacerola. Prosiga la cocción a fuego lento durante 40 minutos. Filtre el caldo y páselo por un tamiz forrado con dos capas de muselina húmeda.

3 Corte unas rodajas de la langosta para utilizarlas como decoración y resérvelas. Triture el resto de la carne de langosta en la batidora junto con un poco del caldo hasta obtener una mezcla homogénea. Mezcle la harina con el resto de la mantequilla para obtener una pasta. Añada el puré de langosta a la cacerola junto con la pasta de harina, el tomate concentrado, el jerez, la crema, la nuez moscada y sal y pimienta al gusto. Mezcle bien.

4 Añada el estragón y el resto del caldo y póngalo todo al fuego vivo, removiendo constantemente, hasta que la sopa hierva y se espese. Reduzca el fuego y deje cocer a fuego lento durante 5 minutos. Sazone al gusto y sirva la *bisque* adornada con la langosta que había reservado y las ramitas de estragón, si lo desea.

Retire la carne del caparazón de la langosta y aplástela con un mazo.

Añada la langosta, la harina, el tomate, el jerez, la crema y la nuez moscada.

Crema de espárragos

TIEMPO DE PREPARACIÓN: 20 minutos
TIEMPO DE COCCIÓN: 55 minutos
Para 4-6 personas

1 kg de espárragos
30 g de mantequilla
1 cebolla, finamente picada
1 l de caldo de pollo
7 g de hojas de albahaca, picadas
1 cucharadita de sal de apio
250 ml de crema de leche

1 Corte la base leñosa de los espárragos y recorte las yemas. Blanquee las yemas en agua hirviendo durante 1-2 minutos, refrésquelas con agua fría y resérvelas. Corte el resto de los espárragos en trozos grandes.

2 Derrita la mantequilla en una cacerola y sofría la cebolla de 3-4 minutos a fuego medio-bajo o hasta que esté tierna y dorada. Añada los trozos de espárragos y rehogue de 1-2 minutos, removiendo continuamente.

3 Añada el caldo de pollo, la albahaca y la sal de apio. Lleve a ebullición, reduzca el fuego y deje cocer a fuego lento y con el recipiente tapado durante 30 minutos.

4 Compruebe que los espárragos están tiernos. Si no lo están, prosiga la cocción a fuego lento otros 10 minutos. Resérvelos y déjelos enfriar un poco.

5 Triture la sopa en el robot o batidora por tandas hasta que esté homogénea. Fíltrela sobre una cacerola limpia. Vuelva a ponerla al fuego, añada la crema y caliéntela a fuego lento. No deje que hierva. Sazone al gusto con sal y pimienta.

Corte los extremos leñosos de los espárragos.

Compruebe que los espárragos están tiernos pinchándolos con un tenedor.

6 Sirva la crema inmediatamente, con las yemas de espárragos de adorno.

Sopa de berros y patatas

TIEMPO DE PREPARACIÓN: 30 minutos
TIEMPO DE COCCIÓN: 50 minutos
Para 6-8 personas

30 g de mantequilla
2 cebollas, picadas
1-2 dientes de ajo, picados
1 kg de patatas, troceadas
2 l de calco de pollo
250 g de berros, preparados
80 ml de crema de leche

Picatostes de parmesano
2 rebanadas de pan, sin la corteza
1 cucharada de aceite de oliva
1 cucharada de queso parmesano rallado

1 Caliente la mantequilla en una cacerola. Sofría la cebolla y el ajo de 2-3 minutos o hasta que se ablanden. Añada la patata y remueva de 1-2 minutos. Vierta el caldo y lleve a ebullición. Reduzca el fuego y deje cocer a fuego lento durante 30 minutos, o hasta que la patata esté cocida. Cuele reservando el líquido de cocción.

2 Transfiera la mezcla de patatas al robot, vierta la mitad del líquido de cocción y triture hasta obtener una mezcla homogénea. Vuélvala a verter en el recipiente.

3 Bata en el robot los berros y 500 ml del líquido de cocción. Vierta esta mezcla, la crema y el resto del líquido de cocción en la cacerola y remueva a fuego lento durante 3 minutos o hasta que esté caliente, pero no deje que hierva. Sazone al gusto.

4 Para los picatostes, precaliente el horno a 180 °C. Corte el pan el dados y mézclelos con el aceite y el queso parmesano rallado. Hornee durante 10 minutos o hasta que los picatostes estén dorados. Sírvalos sobre la sopa.

Vierta la mitad del líquido de cocción sobre las patatas.

Añada a la cacerola el puré obtenido con los berros y el líquido de cocción.

Cubra bien los dados de pan con el aceite y el parmesano.

Sopa de chirivía y mostaza

TIEMPO DE PREPARACIÓN: 25 minutos
TIEMPO DE COCCIÓN: 30 minutos
Para 4-6 personas

30 g de mantequilla
1 cebolla, picada
750 g de chirivía, picada
1 l de caldo de pollo
125 ml de leche
125 ml de crema de leche
2-3 cucharadas de mostaza en grano
2 cucharadas de perejil picado, para servir

1 Derrita la mantequilla en una cacerola, añada la cebolla y sofría a fuego medio, removiendo de vez en cuando, hasta que la cebolla esté tierna pero sin llegar a dorarse.

2 Añada la chirivía y el caldo, y lleve a ebullición. Deje cocer a fuego lento, con el recipiente tapado, durante 25 minutos o hasta que la chirivía esté tierna. Deje enfriar ligeramente.

3 Bata la sopa por tandas, en un robot o una batidora. Vuélvala a poner en la cacerola y caliéntela a fuego lento sin dejar que hierva. Añada la mostaza de grano y sazone al gusto con la sal y pimienta negra recién molida. Espolvoree con el perejil picado.

Corte las chirivías peladas en tiras y luego en trozos pequeños.

Agregue las chirivías y el caldo de pollo a la cacerola.

Con una cuchara de madera, incorpore la mostaza.

Vichyssoise

TIEMPO DE PREPARACIÓN: 10 minutos
TIEMPO DE COCCIÓN: 45 minutos
Para 4-6 personas

80 g de mantequilla
4 puerros, sólo la parte blanca, en rodajas finas
1 cebolla blanca, en rodajas finas
500 g de patatas, picadas
1/4 de cucharadita de cilantro molido
una pizca de nuez moscada
1 hoja de laurel
1 tallo de apio, cuarteado
875 ml de caldo de pollo o verdura
2 cucharaditas de zumo de limón
125 ml de crema de leche
cebollino, troceado, para decorar

1 Derrita la mantequilla en una cacerola, añada el puerro y la cebolla, y sofríalos a fuego lento, removiendo de vez en cuando, de 8-10 minutos o hasta que las hortalizas estén tiernas sin llegar a oscurecerse.

2 Añada la patata, el cilantro, la nuez moscada, la hoja de laurel, el apio, el caldo y el zumo de limón. Lleve a ebullición, tape y deje cocer a fuego lento durante 30 minutos o hasta que las verduras estén tiernas. Retire el recipiente del fuego y deje enfriar ligeramente. Deseche la hoja de laurel y el apio.

3 Pase la sopa al robot o batidora y bata hasta obtener una crema homogénea. Vuélvala a verter en la cacerola. Añada la crema batiendo con una batidora de varillas y vuelva a calentar la crema a fuego lento sin que llegue a hervir. Sírvala fría o caliente, adornada con el cebollino.

Añada la patata troceada a las hortalizas en la cacerola.

Deje enfriar un poco la sopa antes de reducirla a puré por tandas.

Incorpore la crema con una batidora y vuelva a calentarla sin que hierva.

Sopa de puerro, ajo y bacon asados

TIEMPO DE PREPARACIÓN: 25 minutos
TIEMPO DE COCCIÓN: 1 hora 30 minutos
Para 4-6 personas

1 cucharada de aceite de oliva
20 g de mantequilla
2 lonchas de bacon, picadas
3 puerros, picados
2 dientes de ajo, picados
1 tallo de apio, groseramente picado
2 calabacines, groseramente picados
2 hojas de laurel
1,5 l de caldo de pollo
80 ml de crema de leche
15 g de perejil finamente picado
2 lonchas de bacon, extra, para adornar

1 Precaliente el horno a 160 °C. Caliente el aceite y la mantequilla en una fuente para asar grande. Añada las tiras de bacon y fríalas a fuego medio removiendo de 1-2 minutos. Añada el puerro, el ajo, el apio, los calabacines y las hojas de laurel, y deje cocer, removiendo, de 2-3 minutos, sin dejar que se doren.

2 Introduzca la fuente en el horno y ase las verduras y el bacon durante 40 minutos, dándoles la vuelta un par de veces. Cubra con papel de aluminio si los ingredientes empiezan a dorarse. Transfiera los ingredientes a una cacerola, añada el caldo y lleve a ebullición. Baje el fuego y deje cocer a fuego lento durante 30 minutos. Deje enfriar ligeramente, pase por un colador y vuelva a poner el líquido en la cacerola. Retire las hojas de laurel.

3 Ponga las verduras y el bacon en el robot o batidora con un cazo de su líquido de cocción y bata hasta obtener una mezcla homogénea, añadiendo más líquido si fuese necesario. Vuelva a poner la mezcla en la cacerola con el líquido y añada un poco de pimienta, la crema y el perejil. Vuelva a calentar la sopa a fuego lento.

4 Para la guarnición de bacon, quite la grasa y la piel del bacon y fríalo hasta que esté crujiente. Séquelo con papel de cocina, trocéelo con los dedos y sírvalo sobre la sopa.

Dé la vuelta a las verduras mientras se asan y cúbralas con papel de aluminio.

Triture las verduras y el bacon hasta obtener una mezcla homogénea.

Fría el bacon hasta que esté crujiente y trocéelo para adornar.

Sopa de hortalizas asadas

TIEMPO DE PREPARACIÓN: 30 minutos
TIEMPO DE COCCIÓN: 1 hora 35 minutos
Para 6 personas

2 zanahorias, cortadas en trozos grandes
1 chirivía, cortada en trozos grandes
500 g de calabaza sin pelar, cortada en trozos grandes
350 g de boniatos sin pelar, cortados en trozos grandes
1 pimiento rojo, cortado en trozos grandes
2 cebollas, partidas por la mitad
4 dientes de ajo, sin pelar
750 ml de caldo de verduras
crema agria y tomillo, para decorar

1 Precaliente el horno a temperatura media, 180 °C. Ponga las hortalizas en una fuente de horno engrasada grande y pincélelas con el aceite.

2 Hornéelas durante 1 hora, dándoles la vuelta con frecuencia. Retire el pimiento. Hornee el resto durante 30 minutos más; deje enfriar un poco las hortalizas. Pele el pimiento; colóquelo en un robot con la zanahoria, la chirivía y la cebolla.

3 Pele la calabaza y el boniato y agréguelos al robot con la pulpa del ajo. Añada la mitad del caldo y triture hasta obtener una mezcla homogénea. Transfiérala a una cacerola con el resto del caldo y caliente. Sazone y decore con la crema agria y el tomillo.

Corte las zanahorias, la chirivía, la calabaza y los boniatos grandes.

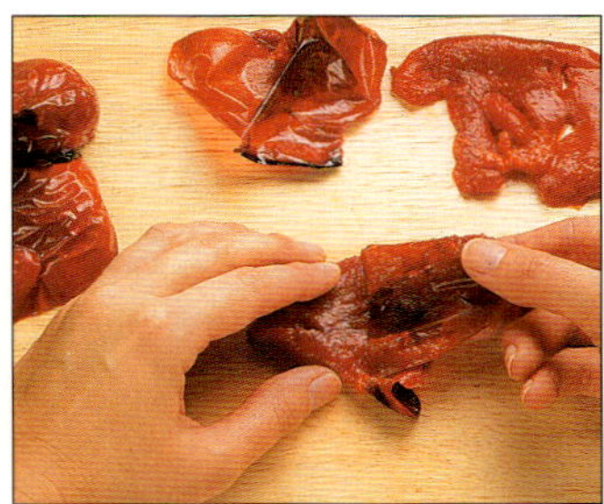

Pele los pimientos asados con las manos.

Con una cucharilla, separe la piel de los boniatos y la calabaza.

Consomé de buey

TIEMPO DE PREPARACIÓN: 30 minutos
+ una noche en el frigorífico
TIEMPO DE COCCIÓN: 5 horas
Para 4-6 personas

1 kg de buey para caldo, cortado en trozos pequeños
500 g de huesos de buey, con el tuétano, cortados en trozos pequeños
1 puerro, cortado en trozos pequeños
2 cebollas, cuarteadas
2 zanahorias, picadas
2 tallos de apio, picados
6 granos de pimienta negra
6 clavos enteros
3 ramitas de tomillo
3 ramitas de perejil
3 hojas de laurel
1 cáscara de huevo, desmenuzada
1 clara de huevo, ligeramente batida
2 cucharadas de perejil picado

1 Precaliente el horno a 180 °C. Coloque el buey y los huesos formando una capa en una fuente de hornear. Hornee 45 minutos o hasta que la carne esté un poco dorada, dándoles la vuelta una vez.

2 Ponga la carne, los huesos, las hortalizas, los granos de pimienta, los clavos, las hierbas, las hojas de laurel y 1 cucharadita de sal en una olla. Añada 3 l de agua y lleve lentamente a ebullición. Baje el fuego, tape la olla y deje cocer a fuego lento con el líquido apenas agitándose 4 horas. Deje enfriar un poco. Saque los trozos de carne más grandes y deséchelos. Filtre el líquido a través de un tamiz cubierto con muselina. Deseche el resto de la carne y las hortalizas.

3 Tape el líquido y métalo en el frigorífico unas horas o toda la noche. Desgrase la superficie con una cuchara. Vierta el caldo en una olla con la cáscara de huevo y la clara ligeramente batida.

4 Caliente el caldo poco a poco por debajo del punto de ebullición y déjelo cocer a fuego lento 10 minutos. Se formará una capa espumosa en la superficie. Retire el caldo del fuego y déjelo reposar 10 minutos. Espume la superficie y filtre el consomé por un tamiz cubierto con una muselina. Vuelva a calentarlo, sazone si fuese necesario, y sírvalo espolvoreado con el perejil picado.

Ponga la carne y los huesos en una sola capa en una fuente de hornear.

Filtre el caldo a través de un tamiz cubierto por muselina.

Incorpore con suavidad la cáscara y la clara con una batidora de varillas.

Sopa de pimientos asados con tortilla de hierbas

TIEMPO DE PREPARACIÓN: 20 minutos
TIEMPO DE COCCIÓN: 50 minutos
Para 4-6 personas

1 pimiento amarillo o verde, cuarteado
4 pimientos rojos, cuarteados
1 cucharada de aceite de oliva
1 cebolla roja, picada
1 diente de ajo, picado
1 patata, a dados
170 ml de zumo de tomate
1 cucharada de vinagre balsámico

Tortilla de hierbas

3 huevos ligeramente batidos
1 cucharada de leche
2 cucharadas de perejil picado
2 cucharaditas de aceite
3 cebollas tiernas picadas

1 Ase los pimientos con la piel hacia arriba bajo el grill precalentado hasta que se chamusquen. Métalos en una bolsa de plástico y deje que se enfríen. Pélelos y corte en cuadraditos el pimiento amarillo y un pimiento rojo. Reserve los demás pimientos.

2 Caliente el aceite y sofría la cebolla, removiéndola a fuego medio hasta que esté transparente. Añada el ajo y la patata y cueza removiendo 1 minuto. Añada el zumo de tomate y 750 ml de agua, lleve a ebullición, reduzca el fuego y tape la cacerola. Deje cocer a fuego lento durante 25 minutos o hasta que la patata esté tierna.

3 Bata la sopa, por tandas, hasta que esté homogénea con el resto de los pimientos. Vuélvala a echar en el recipiente y añada los pimientos picados, el vinagre y sazone. Caliéntela ligeramente antes de servir.

4 Para la tortilla de hierbas, bata los huevos, la leche y el perejil y sazone. Caliente el aceite en una sartén. Añada la cebolla tierna y sofríala hasta que esté tierna. Vierta el huevo batido y cueza a fuego moderado hasta que esté cuajado. Deje enfriar la tortilla sobre una rejilla y córtela en rombos. Sírvala como guarnición de la sopa.

Corte el pimiento amarillo y uno de los rojos en cuadraditos.

Añada los pimientos reservados al robot o a la batidora.

Es aconsejable utilizar una sartén antiadherente para la tortilla.

Sopa de calabaza asada

TIEMPO DE PREPARACIÓN: 10 minutos
TIEMPO DE COCCIÓN: 1 hora 45 minutos
Para 6 personas

2 cucharadas de aceite de oliva
1 diente de ajo, picado
1 ½ cucharaditas de orégano seco
250 g de tomates pera, cortados por la mitad a lo largo
850 g de calabaza, con piel, troceada
250 g de zanahorias, cuarteadas
180 g de cebollas, cuarteadas
200 g de boniato, picado
1 cucharada de orégano picado
1,5 l de caldo de pollo
almendras tostadas fileteadas y ramitas de orégano, para decorar

1 Precaliente el horno a temperatura moderada, 190 °C. Mezcle el aceite, el ajo, el orégano y ½ cucharadita de sal. Ponga los tomates, con el lado cortado hacia arriba, en una fuente de hornear con la calabaza, la zanahoria, la cebolla y el boniato. Pincélelos con el aceite y hornee 1 ½ horas. Deje enfriar. Separe la carne de la calabaza de la piel y póngala en una cacerola con las hortalizas, el orégano y el caldo.

2 Lleve a ebullición, reduzca el fuego y deje cocer a fuego lento durante 10 minutos. Deje enfriar y reduzca la sopa a puré en el robot o la batidora. Vuelva a calentar y sazone al gusto. Decore con las almendras y las ramitas de orégano.

Pincele con la mezcla de aceite; deje los tomates cortados hacia arriba.

Retire la carne de la calabaza con la ayuda de una cucharilla.

Reduzca a puré la sopa por tandas en la batidora o robot.

Caldo

UNA SOPA ES UN PLATO EN EL QUE LA SUMA DE SUS COMPONENTES ES MEJOR QUE SUS PARTES. UNO DE LOS ELEMENTOS MÁS IMPORTANTES DE UNA SOPA ES UN BUEN CALDO, PUES MARCA LA DIFERENCIA ENTRE UNA SOPA CORRIENTE Y OTRA ESPECTACULAR, AL DAR SABORES INTENSOS Y UNA BASE SÓLIDA PARA LOS DEMÁS INGREDIENTES. CUANDO LEA ESTAS RECETAS, SI PIENSA QUE LOS TIEMPOS DE COCCIÓN SON MUY LARGOS Y QUE TODO PARECE DEMASIADO COMPLICADO, RECUERDE QUE PICAR LOS INGREDIENTES NO LLEVA MUCHO TIEMPO Y QUE DESPUÉS PUEDE DEJAR EL CALDO COCIENDO A FUEGO LENTO MIENTRAS HACE OTRA COSA.

CALDO DE BUEY

TIEMPO DE PREPARACIÓN: 20 minutos + refrigeración
TIEMPO DE COCCIÓN: 4 horas 50 minutos
Para 1,5 l

2 kg de huesos de buey
2 zanahorias sin pelar, picadas
2 cebollas sin pelar, cuarteadas
2 cucharadas de tomate concentrado
2 tallos de apio, hojas picadas
1 ramillete de hierbas
12 granos de pimienta negra

1 Precaliente el horno a temperatura alta, 210 °C. Ponga los huesos en una fuente de hornear y hornéelos durante 30 minutos, dándoles la vuelta de vez en cuando. Añada la zanahoria y la cebolla, y ase durante 20 minutos más. Deje enfriar.

2 Ponga los huesos, la zanahoria y la cebolla en una cacerola de fondo grueso. Escurra el exceso de grasa de la fuente de hornear y vierta 250 ml de agua en la misma. Remueva para disolver los fondos de cocción y añada el líquido a la cacerola.

3 Añada el tomate concentrado, el apio y 2,5 l de agua. Lleve a ebullición, espumando la superficie cuando sea necesario, y añada el ramillete de hierbas y los granos de pimienta. Reduzca el fuego al mínimo y deje cocer a fuego lento durante 4 horas. Espume la superficie de vez en cuando.

4 Filtre el caldo por tandas a través de un tamiz. Presione suavemente los ingredientes con un cucharón para extraer todo el líquido. Deseche los huesos y las hortalizas y deje enfriar. Refrigere hasta que el caldo esté frío y retire con una cuchara la capa de grasa de la superficie. En este punto, puede reducirlo para concentrar su sabor (y diluirlo cuando vaya a usarlo) y conservarlo en el frigorífico durante 2 días o en el congelador hasta 6 meses.

CONGELAR CALDOS

Congelar un caldo es una forma útil de tenerlo preparado de antemano. Sólo tiene que verter el caldo en una jarra medidora a la que haya ajustado una bolsa de plástico para disponer de caldo congelado en cómodas porciones. Retire la bolsa de la jarra, etiquete la bolsa, selle y congele.

También puede verter el caldo en cubiteras y congelarlo. Este método se suele utilizar con caldos concentrados.

CALDO DE POLLO

TIEMPO DE PREPARACIÓN: 20 minutos + refrigeración

TIEMPO DE COCCIÓN: 3 horas 10 minutos

Para aprox. 2,5 l

2 kg de huesos de pollo
2 cebollas sin pelar, cuarteadas
2 zanahorias sin pelar, picadas
2 tallos de apio, hojas picadas
1 ramillete de hierbas
12 granos de pimienta negra

1 Ponga los huesos de pollo, la cebolla, la zanahoria, el apio y 3,5 l de agua en una cacerola de fondo grueso. Lleve lentamente a ebullición. Espume el caldo cuando sea necesario y añada el ramillete y los granos de pimienta. Reduzca el fuego al mínimo y deje cocer a fuego muy lento durante 3 horas. Espume el caldo con regularidad.

2 Filtre el caldo por tandas a través de un tamiz cubierto con una muselina. Presione ligeramente los ingredientes con un colador para que liberen todo el líquido. Deje enfriar el caldo y refrigérelo hasta que esté frío, retirando con ayuda de una cuchara la grasa acumulada en la superficie. En este momento, puede reducir el caldo para concentrar su sabor (y diluirlo cuando vaya a utilizarlo) y conservarlo en el frigorífico durante 2 días o en el congelador un máximo de 6 meses.

CALDO DE PESCADO

TIEMPO DE PREPARACIÓN: 20 minutos + refrigeración

TIEMPO DE COCCIÓN: 30 minutos

Para 1,75 l

2 kg de recortes, cabezas y colas de pescado
1 tallo de apio, con las hojas, groseramente picado
1 cebolla, picada
1 zanahoria sin pelar, picada
1 puerro, en rodajas
1 ramillete de hierbas
12 granos de pimienta negra

1 Ponga los recortes de pescado, el apio, la cebolla, la zanahoria, el puerro y 2 l de agua en una cacerola de fondo grueso. Lleve lentamente a ebullición. Espume el caldo cuando sea necesario y añada el ramillete de hierbas y los granos de pimienta. Reduzca el fuego al mínimo y deje cocer a fuego muy lento durante 20 minutos. Espume el caldo con regularidad.

2 Filtre el caldo por tandas a través de un tamiz cubierto con una muselina húmeda. Para que el caldo no se enturbie, no presione los ingredientes, simplemente deje que se escurran. Deje enfriar el caldo, refrigérelo un máximo de 2 días o durante un máximo de 6 meses en el congelador.

CALDO DE HORTALIZAS

TIEMPO DE PREPARACIÓN: 20 minutos + refrigeración

TIEMPO DE COCCIÓN: 1 hora 30 minutos

Para unas 10 tazas (2,5 l)

1 cucharada de aceite
1 cebolla, picada
2 puerros, picados
4 zanahorias, picadas
2 chirivías, picadas
2 tallos de apio, hojas picadas
2 hojas de laurel
1 ramillete de hierbas
4 dientes de ajo sin pelar
8 granos de pimienta negra

1 Caliente el aceite en una cacerola de fondo grueso, añada la cebolla, el puerro, la zanahoria, la chirivía y el apio. Tape y cueza durante 5 minutos sin que los ingredientes lleguen a dorarse. Añada 3 l de agua. Lleve a ebullición. Espume la superficie si es necesario y añada las hojas de laurel, el ramillete, el ajo y los granos de pimienta. Reduzca el fuego al mínimo y deje cocer a fuego lento durante 1 hora. Espume la superficie del caldo con regularidad.

2 Filtre el caldo por tandas a través de un tamiz fino. Presione suavemente los ingrediente para extraer todo el líquido.

3 Deje que el caldo se enfríe y retire la grasa que se haya podido acumular sobre la superficie con una cuchara. En este punto, puede reducir el caldo para concentrar su sabor (y diluirlo antes de usarlo) y conservarlo hasta 2 días en el frigorífico o 6 meses en el congelador.

Nota: como el ramillete de hierbas, el ajo sin pelar añadido al caldo aporta un aroma sutil que no enturbia la sopa.

RAMILLETE DE HIERBAS

Para hacer un ramillete, enrolle la parte verde de un puerro alrededor de una hoja de laurel, una ramita de tomillo, unas hojas de apio y unas ramitas de perejil y ate con un bramante. Haga el lazo bastante grande para poder retirarlo.

Sopa de garbanzos marroquí

TIEMPO DE PREPARACIÓN: 35 minutos
+ una noche de remojo
TIEMPO DE COCCIÓN: 1 hora 10 minutos
Para 4 personas

250 g de garbanzos secos
2 cucharadas de aceite de oliva
1 cebolla, a rodajas finas
2 cucharaditas de comino molido
2 cucharaditas de pimentón dulce
1 cucharadita de jengibre molido
1 cucharadita de canela molida
¼ de cucharadita de pimienta de Jamaica
250 g de pierna de cordero deshuesada, cortada en tiras
500 g de tomates finamente picados
2 l de caldo de hortalizas o agua
2 cucharaditas de cáscara de limón rallada
110 g de arroz de grano redondo
7 g de perejil picado
2 cucharadas de cilantro picado

1 Ponga los garbanzos a remojar toda la noche. Escúrralos. Caliente el aceite en una cacerola y añada la cebolla y las especias. Cueza 15 minutos, con el recipiente tapado y a fuego lento, removiendo de vez en cuando.

2 Añada los garbanzos, el cordero, el tomate y el caldo. Lleve a ebullición, reduzca el fuego y deje cocer a fuego lento durante 35 minutos. Espume la superficie cuando sea necesario. Añada la cáscara del limón y el arroz, y deje transcurrir 12 minutos o hasta que el arroz esté tierno. Añada las hierbas y sazone al gusto.

Ponga los garbanzos a remojar con agua fría toda una noche. Escúrralos.

Con un cuchillo afilado, corte el cordero en tiras.

Añada la cebolla y las especias a la cacerola.

Sopa de pescado al azafrán

TIEMPO DE PREPARACIÓN: 20 minutos
TIEMPO DE COCCIÓN: 30 minutos
Para 4 personas

1 kg de recortes de pescado blanco (cabezas y espinas), picados
500 ml de vino blanco seco
1 cebolla, picada
1 zanahoria, picada
1 tallo de apio, picado
1 hoja de laurel
6 granos de pimienta negra
¾ de cucharadita de hebras de azafrán
50 g de mantequilla
30 g de harina
12 vieiras, limpias
250 g de filetes de pescado blanco sin espinas, cortados en dados
250 ml de crema de leche

1 Para hacer el caldo de pescado al azafrán, coloque los recortes de pescado, 750 ml de agua, el vino, la cebolla, la zanahoria, el apio, la hoja de laurel y los granos de pimienta en una cacerola. Lleve a ebullición lentamente, espumando la superficie cuando sea necesario. Deje cocer a fuego lento, con la tapa puesta, durante 20 minutos. Filtre y deseche el pescado y las hortalizas. Separe 1 l del caldo caliente y añádale las hebras de azafrán. Si le queda caldo, puede congelarlo para utilizarlo en otra receta.

2 Derrita la mantequilla en una cacerola e incorpore la harina. Deje cocer, removiendo continuamente, a fuego lento durante 3 minutos pero sin que la harina se tueste. Retire del fuego y añada poco a poco el caldo de pescado. Vuelva a poner al fuego y remueva constantemente hasta que el caldo hierva y se espese ligeramente. Añada las vieiras y los dados de pescado, vuelva a llevar a ebullición y deje cocer a fuego lento de 1-2 minutos.

3 Incorpore la crema de leche y recaliente un poco la sopa sin que llegue a hervir. Sazone al gusto con sal y pimienta blanca recién molida. Decore con unas ramitas de perifollo, si lo desea.

Con un cuchillo afilado, corte la vena oscura de las vieiras.

Mezcle el caldo caliente reservado con las hebras de azafrán.

Añada las vieiras y los dados de pescado a la sopa.

Sopa de queso y patata

TIEMPO DE PREPARACIÓN: 20 minutos
TIEMPO DE COCCIÓN: 40 minutos
Para 4-6 personas

30 g de mantequilla
4 lonchas de bacon, cortadas en tiras
1 cebolla, finamente picada
½ cucharadita de pimentón dulce
1 kg de patatas, picadas
750 ml de caldo de pollo
125 g de queso cheddar o gruyere rallado
cebollino picado, para decorar

1 Derrita la mantequilla en una cacerola, añada el bacon y fríalo hasta que esté crujiente. Retire el bacon con una espumadera, dejando toda la grasa en la cacerola, a la que añadirá la cebolla. Sofría la cebolla 5 minutos o hasta que esté muy blanda y dorada. Añada el pimentón y sofría 30 segundos más.

2 Vuelva a echar el bacon a la cacerola y añada la patata y el caldo. Lleve a ebullición, reduzca el fuego y deje cocer a fuego lento 30 minutos o hasta que la patata esté muy tierna. Aplástela luego ligeramente. Salpimente la sopa al gusto y sírvala con el cebollino picado esparcido.

Recorte la corteza y el exceso de grasa del bacon y córtelo en tiras.

Fría el bacon hasta que esté crujiente y retírelo con una espumadera.

Remueva las patatas con una cuchara de madera y aplástelas ligeramente.

Bullabesa

TIEMPO DE PREPARACIÓN: 40 minutos
TIEMPO DE COCCIÓN: 1 hora 20 minutos
Para 4-6 personas

4-6 tomates
500 g de gambas o langostinos grandes
1 cola de langosta
1-2 cabezas de pescado
250 ml de vino tinto
3 cebollas, finamente picadas
6 dientes de ajo, picados
3 hojas de laurel
60 ml de aceite de oliva
1 puerro, a rodajas finas
60 g de tomate concentrado
un trozo pequeño de cáscara de naranja
500 g de filetes de pescado blanco, cortados en trozos pequeños
12 mejillones, cerrados, sin las barbas y cepillados
200 g de vieiras con sus conchas
30 g de perejil picado
15 g de hojas de albahaca a tiras

1 Haga una cruz en la base de los tomates. Cúbralos con agua hirviendo durante 1 minuto, sumérjalos en agua fría, escúrralos y pélelos.

2 Para el caldo de pescado, pele y quite el conducto intestinal de los langostinos o gambas y reserve las cáscaras, cabezas y colas. Pele la cola de langosta, conserve el caparazón y pique la carne. Ponga el caparazón de langosta, las cabezas de pescado, las cáscaras, cabezas y colas de langostino en una cacerola. Añada el vino, 1 cebolla, 2 dientes de ajo, 1 hoja de laurel y 500 ml de agua. Lleve a ebullición, reduzca el fuego y deje cocer a fuego lento durante 20 minutos. Filtre el caldo a través de un tamiz fino reservándolo.

3 Caliente aceite en una cacerola grande de fondo grueso. Añada puerro y el resto de la cebolla y el ajo. Tape y deje cocer a fuego lento, durante 20 minutos o hasta que los ingredientes estén dorados. Añada el tomate, el resto de la hojas de laurel, el tomate concentrado, la cáscara de naranja y remueva bien. Retire la tapa y deje al fuego 10 minutos más, removiendo de vez en cuando. Añada el caldo de pescado reservado, lleve a ebullición, reduzca el fuego y deje cocer durante 10 minutos.

Corte a ambos lados de la parte más tierna de la cola y retire la carne.

Escurra el caldo a través de un tamiz y resérvelo.

4 Añada los langostinos o gambas, la langosta, el pescado, los mejillones y las vieiras. Deje cocer a fuego lento, con la tapa puesta, durante 4-5 minutos. Deseche los mejillones que no se hayan abierto, la cáscara de naranja y las hojas de laurel. Añada las hierbas y sazone al gusto con sal y pimienta negra recién molida.

Sopa de cebolla francesa

TIEMPO DE PREPARACIÓN: 15 minutos
TIEMPO DE COCCIÓN: 1 hora 30 minutos
Para 4-6 personas

1 cucharada de aceite de oliva
30 g de mantequilla
1 kg de cebollas, a rodajas finas
1 ½ cucharadas de azúcar moreno
4 cucharadas de harina
1,5 l de caldo de buey
125 ml de coñac
60 ml de aceite de oliva, extra
2 dientes de ajo, picados
1 *baguette*
100 g de queso parmesano o gruyere rallado

1 Caliente el aceite y la mantequilla en una cacerola amplia de fondo grueso. Añada la cebolla y sofríala a fuego lento durante 1 minuto. Tape y deje cocer a fuego durante 20 minutos, removiendo de vez en cuando. Añada el azúcar y ½ cucharadita de sal, suba el fuego y prosiga la cocción 30 minutos, removiendo con frecuencia, o hasta que la cebolla se dore.

2 Añada la harina poco a poco. Cuézala durante 3 minutos a fuego medio, removiendo. Retire el recipiente del fuego y añada poco a poco el caldo y el coñac.

3 Lleve a ebullición, a fuego medio y removiendo constantemente, hasta que la mezcla se espese un poco. Tape parcialmente, baje el fuego y deje cocer a fuego lento 30 minutos, removiendo de vez en cuando. Sazone al gusto.

4 Mezcle el resto del aceite y el ajo. Corte el pan en rebanadas gruesas y tuéstelo por ambos lados bajo el grill precalentado. Pincele el pan con el aceite y espolvoréelo con el parmesano. Ponga el pan bajo el grill hasta que el queso se haya derretido y sírvalo sobre la sopa.

Cueza la cebolla y remuévala de vez en cuando hasta que esté muy dorada.

Añada poco a poco el caldo y el coñac mezclados.

Pincele el pan con la mezcla de aceite.

Sopa cubana de judías negras

TIEMPO DE PREPARACIÓN: 20 minutos
+ 1 noche en remojo
TIEMPO DE COCCIÓN: 1 hora 40 minutos
Para 6 personas

440 g de judías negras secas
2 cucharadas de aceite
1 cebolla, a rodajas
2 cucharaditas de comino molido
1 cucharadita de cilantro molido
½ cucharadita de chile en polvo
2 dientes de ajo, picados
300 g de huesos de tocino
2 cucharadas de vinagre de vino tinto
1 cucharada de azúcar moreno
3 cebollas tiernas, picadas
1 cucharada de perejil picado
2 huevos duros, picados

1 Ponga a remojar las judías con agua fría una noche entera.

2 Caliente el aceite en una cacerola de fondo grueso y sofría la cebolla a fuego medio durante 5 minutos o hasta que esté tierna. Añada el comino, el cilantro, el chile y el ajo y remueva 1 minuto más.

3 Añada los huesos de tocino y 1,2 l de agua, removiendo bien. Añada las judías y lleve a ebullición; reduzca el fuego y deje cocer a fuego lento, con el recipiente parcialmente tapado durante 1-1 ½ horas o hasta que las judías estén muy tiernas.

4 Retire los huesos de tocino con unas pinzas y deséchelos. Agregue el vinagre y el azúcar, y sazone al gusto. Si quiere que la sopa quede más espesa, machaque un poco las judías con un aplastapatatas. Decore con la cebolla tierna, el perejil y el huevo duro.

Añada todas las especias y el ajo picado.

Las judías deben estar tiernas al aplastarlas con un tenedor.

Retire los huesos de tocino con unas pinzas.

Sopa de *won ton*

TIEMPO DE PREPARACIÓN: 50 minutos
+ 30 minutos en remojo
TIEMPO DE COCCIÓN: 40 minutos
Para 4 personas

2 setas chinas secas
15 gambas
100 g de cerdo picado
2 cebollas tiernas, picadas
1 cucharadita de jengibre rallado
2 cucharadas de castañas de agua enlatadas, picadas (de venta en establecimientos orientales)
2 cucharaditas de hierba limonera picada, sólo la parte blanca
1 diente de ajo, finamente picado
2 cucharadas de salsa de soja
225 g de obleas *won ton* (de venta en establecimientos orientales)
hojas de cilantro
1,5 l de caldo de buey
2 zanahorias pequeñas, cortadas en diagonal
3 cebollas tiernas, cortadas en diagonal

1 Sumerja las setas en agua caliente durante 30 minutos. Pele y quite el conducto intestinal de las gambas y córtelas por la mitad. Seque las setas, corte los pies y trocee el resto.

2 Mezcle las setas picadas con el cerdo, la cebolla tierna, el jengibre, la castaña, la hierba limonera, el ajo y 1 cucharada de salsa de soja. Trabaje con un *won ton* cada vez, manteniendo el resto tapados. Ponga 2-3 hojas de cilantro, la mitad de una gamba y una cucharadita colmada de cerdo picado en el centro de cada lámina. Moje los bordes con un pincel humedecido en agua y ponga otra lámina encima. Presione para que se peguen. Repita la operación con el resto de las láminas.

3 Lleve el caldo a ebullición con el resto de la salsa de soja, la zanahoria y la cebolla tierna. Hierva agua en otro recipiente y cueza los *won ton* por tandas durante 4-5 minutos. Escúrralos. Vierta la sopa caliente sobre los *won ton*.

Corte en rodajas finas la hierba limonera y pique la parte blanca.

Corte los tallos de las setas remojadas y pique los sombreros.

Pase un pincel húmedo por los bordes del won ton *y ponga otro encima.*

Sopa de garbanzos, chorizo y costillar de cerdo

TIEMPO DE PREPARACIÓN: 20 minutos
+ 1 noche en remojo
TIEMPO DE COCCIÓN: 40 minutos
Para 6-8 personas

180 g de garbanzos secos
300 g de costillar de bacon ahumado
2 cucharadas de aceite de oliva
1 cebolla, picada
1 diente de ajo, picado
2 tomates, pelados, sin semillas y finamente picados
1 patata, en dados
1 zanahoria, en rodajas
200 g de calabaza, picada
150 g de chorizo, a rodajas
¼ de cucharadita de orégano seco
1,5 l de caldo de pollo

1 Ponga a remojar los garbanzos en agua fría una noche y escúrralos.

2 Blanquee el costillar en agua hirviendo durante 30 segundos y, a continuación, sumérjalo en agua fría. Escúrralo y trocéelo.

3 Caliente el aceite en una cacerola de fondo grueso y sofría la cebolla a fuego medio de 3-4 minutos, removiendo continuamente. Añada el ajo y el tomate y cueza 5 minutos más.

4 Añada los garbanzos, el costillar, la patata, la zanahoria, la calabaza, el chorizo, el orégano y el caldo. Lleve a ebullición, reduzca el fuego y deje cocer a fuego lento y con el recipiente tapado durante 30 minutos, o hasta que los garbanzos estén tiernos. Sazone al gusto.

Corte los tomates por la mitad y quite las semillas con una cucharilla.

Emplee chorizo u otro tipo de salchicha picante.

Escurra el costillar blanqueado y trocéelo.

Sopa tailandesa de pollo y mazorquitas

TIEMPO DE PREPARACIÓN: 30 minutos
TIEMPO DE COCCIÓN: 15 minutos
Para 4 personas

150 g de mazorcas de maíz mini
1 cucharada de aceite
2 tallos de hierba limonera, sólo la parte blanca, en rodajas muy finas
2 cucharadas de jengibre finamente rallado
6 cebollas tiernas, picadas
1 chile rojo, finamente picado
1 l de caldo de pollo
375 ml de leche de coco
250 g de filetes de pechuga de pollo, a tiras muy finas
130 g de maíz en grano enlatado
1 cucharada de salsa de soja
2 cucharadas de cebollino picado, para decorar
1 chile rojo, en rodajas, para decorar

1 Corte las mazorcas por la mitad o en cuartos longitudinales, dependiendo de su tamaño. Resérvelas.

2 Caliente el aceite en una cacerola a temperatura media y sofría la hierba limonera, el jengibre, la cebolla tierna y el chile durante 1 minuto, removiendo continuamente. Añada el caldo y la leche de coco y lleve a ebullición, sin tapar, para que la leche de coco no se corte.

3 Incorpore el maíz, el pollo y el maíz en grano y deje cocer a fuego lento 8 minutos o hasta que el maíz y el pollo estén tiernos. Añada la salsa de soja, sazone bien y decore con el cebollino y el chile.

Ralle el jengibre pelado por la cara fina del rallador.

Corte las mazorcas por la mitad a lo largo o en cuatro partes.

Añada el maíz, el pollo y el maíz en grano.

Gazpacho

TIEMPO DE PREPARACIÓN: 40 minutos + 3 horas de refrigeración
TIEMPO DE COCCIÓN: Ninguno
Para 4-6 personas

750 g de tomates maduros
1 pepino, picado
1 pimiento verde, picado
2-3 dientes de ajo, picados
1-2 cucharadas de aceitunas negras picadas finas (opcional)
80 ml de vinagre de vino tinto o blanco
60 ml de aceite de oliva
1 cucharada de tomate concentrado

Guarnición

1 cebolla, finamente picada
1 pimiento rojo, finamente picado
2 cebollas tiernas, finamente picadas
1 pepino, finamente picado
2 huevos duros, picados
menta o perejil, picados
picatostes de ajo y hierbas

1 Corte una cruz en la base de los tomates, cúbralos con agua hirviendo durante 1 minuto y, a continuación, sumérjalos en agua fría, escúrralos y pélelos. Pique la carne tan fina que casi sea puré.

2 Mezcle el tomate, el pepino, el pimiento, el ajo, las aceitunas, el vinagre, el aceite y el tomate concentrado, y sazone al gusto. Refrigere tapado durante 2-3 horas.

3 Utilice 750 ml de agua helada para aclarar el gazpacho a su gusto. Sírvalo bien frío, con la cebolla, el pimiento, la cebolla tierna, el pepino, el huevo duro, las hierbas y los picatostes como guarnición aparte para que cada comensal se sirva lo que desee.

Corte el pepino por la mitad, luego en tiras y después píquelo.

Ponga los tomates en un cuenco y cúbralos con agua hirviendo.

Con un cuchillo afilado, pique el tomate muy fino, casi un puré.

Sopa de eglefino ahumado

TIEMPO DE PREPARACIÓN: 20 minutos
TIEMPO DE COCCIÓN: 35 minutos
Para 4-6 personas

500 g de eglefino ahumado
1 patata, en dados
1 tallo de apio, en dados
1 cebolla, finamente picada
50 g de mantequilla
1 loncha de bacon, sin la corteza, finamente picada
2 cucharadas de harina
½ cucharadita de mostaza en polvo
½ cucharadita de salsa Worcester
250 ml de leche
15 g de perejil picado
60 ml de crema de leche (opcional)

1 Para el caldo de pescado, ponga el pescado en una cacerola, cúbralo con agua y lleve a ebullición. Reduzca el fuego y escálfelo a fuego lento durante 8 minutos o hasta que el pescado esté muy tierno. Escúrralo y reserve el caldo. Pele el pescado desespínelo y desmenúcelo. Resérvelo.

2 Ponga la patata, el apio y la cebolla en una cacerola mediana y cúbralos con caldo de pescado. Lleve a ebullición, reduzca el fuego y deje cocer a fuego lento durante 8 minutos o hasta que las hortalizas estén tiernas. Resérvelas.

3 Derrita la mantequilla en una cacerola amplia, añada el bacon y fríalo, removiendo, durante 3 minutos. Añada la harina, la mostaza y la salsa Worcester y remueva para mezclarlas bien y cueza 1 minuto. Retire del fuego e incorpore poco a poco la leche, removiendo continuamente, hasta obtener una salsa homogénea. Vuélvala a poner al fuego y remueva durante 5 minutos, hasta que hierva y se espese. Incorpore las hortalizas y el resto del caldo y, a continuación, el perejil y el pescado. Deje cocer a fuego lento durante 5 minutos o hasta que la sopa esté caliente. Rectifique la condimentación y sirva con un poco de crema, si lo desea.

Escalfe el pescado a fuego lento hasta que se separe con un tenedor.

Escurra el pescado sobre papel de cocina y desmenúcelo.

Incorpore la leche poco a poco, removiendo con una cuchara.

Sopa de jamón y guisantes

TIEMPO DE PREPARACIÓN: 20 minutos
TIEMPO DE COCCIÓN: 2 horas 45 minutos
Para 6-8 personas

1 cucharada de aceite
2 cebollas, cortadas en dados
2 zanahorias, cortadas en dados
2 ramitas de apio, cortado en dados
1 chirivía, cortada en dados
330 g de guisantes verdes partidos
1 cucharadita de pimienta negra en grano
2 cucharaditas de hojas de tomillo seco
1 codillo de jamón (850 g), troceado
(pida a su carnicero que lo corte)

1 Caliente el aceite en una cacerola y añada la cebolla, la zanahoria, el apio y la chirivía. Sofríalos a fuego lento durante 10 minutos o hasta que las hortalizas estén tiernas y la cebolla transparente.

2 Añada los guisantes, los granos de pimienta, el tomillo, el codillo y 2 l de agua. Lleve lentamente a ebullición, reduzca el fuego y deje cocer a fuego lento, con el recipiente tapado, durante 2 ½ horas o hasta que la mayor parte de la carne se haya desprendido del hueso, y las hortalizas y los guisantes estén muy tiernos. Remueva de vez en cuando.

3 Retire los huesos de la cacerola, separando cualquier trozo de carne que no se haya desprendido. Corte los trozos grandes y vuelva a incorporarlos al recipiente. Ajuste la sal y la pimienta, si es necesario.

Con un cuchillo, pique las cebollas, las zanahorias, el apio y la chirivía.

Añada trozos del codillo a las hortalizas de la cacerola.

Recorte la carne que no se haya desprendido del hueso.

Caldo escocés

TIEMPO DE PREPARACIÓN: 40 minutos
+ 1 hora de remojo + refrigeración durante 1 noche
TIEMPO DE COCCIÓN: 4 horas
Para 8 personas

1 kg de pierna de cordero, cortada por la mitad (pida a su carnicero que lo haga)
3 cebollas, picadas
3 nabos, picados
2 zanahorias, picadas
1 cucharada de pimienta negra en grano
110 g de cebada perlada
1 zanahoria, extra, picada
2 cebollas, extra, finamente picadas
1 puerro, picado
1 ramita de apio, picado
2 nabos, extra, picados
perejil picado

1 Para hacer el caldo, ponga la carne, la cebolla, el nabo, la zanahoria, los granos de pimienta y 2 l de agua en una cacerola. Lleve a ebullición, reduzca el fuego y deje cocer a fuego lento durante 3 horas. Espume la superficie cuando sea necesario.

2 Retire la carne y déjela enfriar. Desprenda toda la carne que no se haya separado del hueso todavía y córtela en trozos pequeños. Cúbrala y refrigérela. Escurra el caldo y deseche las hortalizas. Deje enfriar el caldo y refrigérelo una noche o hasta que la grasa se haya acumulado en la superficie para poder retirarla con una cuchara. Cubra la cebada con agua y déjela remojar durante 1 hora.

3 Ponga el caldo en una cacerola grande y vuelva a calentarlo lentamente. Añada la cebada escurrida, la zanahoria, la cebolla, el puerro, el apio y la chirivía extra. Lleve a ebullición, reduzca el fuego y deje cocer a fuego lento durante 30 minutos o hasta que la cebada y las hortalizas estén cocidas. Vuelva a incorporar la carne a la cacerola y deje cocer a fuego lento 5 minutos. Sazone la sopa y espolvoréela con el perejil.

Espume la superficie del caldo con un tamiz o un cucharón.

Coloque la cebada en un cuenco y cúbrala con abundante agua fría.

Todas las hortalizas deben estar picadas al mismo tamaño.

Sopa *mulligatawny*

TIEMPO DE PREPARACIÓN: 25 minutos
TIEMPO DE COCCIÓN: 1 hora 25 minutos
Para 4-6 personas

500 g de filetes de muslos de pollo, desgrasados
2 cucharadas de harina
1 cucharada de curry en polvo
1 cucharadita de cúrcuma molida
30 g de mantequilla
1 cebolla, finamente picada
1 manzana, pelada, sin corazón y finamente picada
1 l de caldo de pollo
6 clavos enteros
60 g de arroz basmati
1 cucharada de zumo de limón
60 ml de crema de leche

1 Reboce el pollo con la harina, el curry y la cúrcuma mezcladas. Caliente la mitad de la mantequilla en una cacerola y fría el pollo a fuego medio de 3-4 minutos o hasta que esté ligeramente dorado, dándole la vuelta con frecuencia. Retírelo y escúrralo sobre papel de cocina.

2 Añada el resto de la mantequilla a la cacerola, después la cebolla, la manzana y el resto de la mezcla de harina, y cueza removiendo durante 3 minutos o hasta que la mezcla esté homogénea. Reincorpore el pollo junto con el caldo y los clavos. Lleve a ebullición, reduzca el fuego y deje cocer a fuego lento durante 1 hora. Añada el arroz durante los últimos 15 minutos de cocción y cuézalo hasta que esté tierno.

3 Retire el pollo, déjelo enfriar un poco y pique la carne. Saque los clavos y desgrase la superficie de la sopa. Devuelva el pollo a la cacerola. Vuelva a calentar la sopa poco a poco, añada el zumo de limón y la crema y remueva sin dejar que la sopa hierva. Sazónela al gusto con sal y pimienta negra molida.

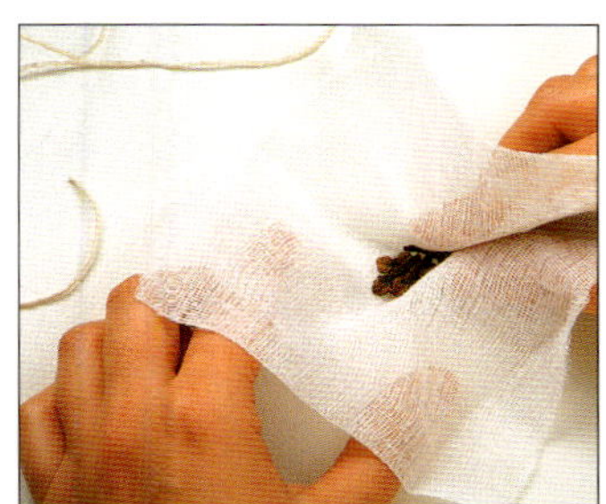

Corte un trozo de muselina y ate los clavos formando un saquito.

Mezcle la harina y las especias para enharinar el pollo.

Añada el arroz a la sopa y déjela cocer 15 minutos a fuego lento.

Tom kha gai

TIEMPO DE PREPARACIÓN: 20 minutos
TIEMPO DE COCCIÓN: 20 minutos
Para 4 personas

5 cm de galanga fresca o 5 rodajas de galanga seca
6 hojas de lima kaffir o cafre
1 tallo de hierba limonera, sólo la parte blanca, cuarteada
500 ml de leche de coco
500 ml de caldo de pollo
3 pechugas de pollo, cortadas en tiras finas
1-2 cucharaditas de chiles rojos finamente picados
60 ml de zumo de lima
2 cucharadas de salsa de pescado tailandesa
1 cucharadita de azúcar moreno
15 g de hojas de cilantro

1 Pele la galanga y córtela en rodajas finas. Mezcle la galanga, la hojas de lima y la hierba limonera con la leche de coco y el caldo en una cacerola. Lleve a ebullición, reduzca el fuego al mínimo y deje cocer a fuego lento durante 10 minutos, removiendo de vez en cuando.

2 Añada las tiras de pollo y el chile, y deje cocer a fuego lento durante 8 minutos. Mezcle el zumo de lima, la salsa de pescado y el azúcar. Adorne con las hojas de cilantro o ramitas del mismo, si lo desea.

Con un cuchillo afilado, corte las pechugas de pollo en tiras finas.

Pele la galanga fresca con un mondador y córtela en rodajas finas.

Añada el azúcar moreno a la sopa y remueva hasta que se disuelva.

Sopa de tomates asados

TIEMPO DE PREPARACIÓN: 20 minutos
TIEMPO DE COCCIÓN: 1 hora 10 minutos
Para 4 personas

1 kg de tomates pera
5 dientes de ajo, sin pelar
5 cucharadas de aceite de oliva
1 cucharadita de albahaca seca
3 cucharadas de aceite de oliva, extra
1 cebolla, finamente picada
1 chile rojo, finamente picado
2 cucharadas de vinagre balsámico
2 cucharaditas de azúcar moreno
1 cucharada de harina
1 l de caldo de verduras
7 g de perejil picado, para decorar

1 Precaliente el horno a temperatura media, 200 °C. Corte los tomates por la mitad y colóquelos boca arriba en una placa para hornear con el ajo. Añada el aceite, la sal y la pimienta y la albahaca. Áselos durante 30 minutos. Saque el ajo al cabo de 20 minutos si se está secando.

2 Caliente el aceite extra en una cacerola de fondo grueso. Añada la cebolla y el chile y rehóguelos con el recipiente tapado durante 10 minutos a fuego medio, removiendo frecuentemente.

3 Pique los tomates y exprima la pulpa de los ajos de las pieles. Añádalos a la cacerola junto con el vinagre y el azúcar. Cueza removiendo durante 1 minuto. Incorpore la harina y remueva durante 30 segundos.

4 Retire el recipiente del fuego y añada el caldo. Vuélvalo a poner sobre el fuego y lleve a ebullición, removiendo de vez en cuando. Deje cocer a fuego lento durante 5 minutos. Sazone al gusto y añada el perejil.

Espolvoree la albahaca sobre los tomates cortados y los dientes de ajo.

Exprima la pulpa de los ajos y añádala al tomate.

Añada el perejil picado a la sopa justo antes de servir.

Cazuela rústica

TIEMPO DE PREPARACIÓN: 40 minutos
+ 1 hora de refrigeración
TIEMPO DE COCCIÓN: 2 horas
Para 4 personas

2 cucharadas de aceite de oliva
8 codillos de cordero
2 cebollas, en rodajas
4 dientes de ajo, finamente picados
3 hojas de laurel, partidas por la mitad
1-2 cucharaditas de pimentón picante
2 cucharaditas de pimentón dulce
1 cucharada de harina
3 cucharadas de tomate concentrado
1,5 l de caldo de verduras
4 patatas, picadas
4 zanahorias, en rodajas
3 tallos de apio, en rodajas finas
3 tomates, sin semillas y picados

1 Para el caldo de cordero, caliente una cucharada de aceite en una cacerola grande de fondo grueso a fuego medio. Dore los codillos de cordero en dos tandas y escúrralos sobre papel de cocina.

2 Añada el resto del aceite al recipiente y sofría la cebolla, el ajo y las hojas de laurel a fuego lento durante 10 minutos, removiendo con regularidad. Añada el pimentón y la harina y cueza, removiendo, durante 2 minutos. Vaya incorporando el tomate concentrado y el caldo. Lleve a ebullición, removiendo, y vuelva a poner los codillos en la cacerola. Reduzca el fuego al mínimo y deje cocer a fuego lento durante 1 ½ horas, removiendo de vez en cuando.

3 Deseche las hojas de laurel. Retire la carne y deje que se enfríe un poco antes de deshuesarla. Tire los huesos. Trocee la carne y guárdela en el frigorífico. Refrigere el caldo aproximadamente 1 hora o hasta que la grasa se deposite en la superficie para retirarla con facilidad.

4 Devuelva la carne a la sopa junto con la patata, la zanahoria, el apio y lleve a ebullición. Reduzca el fuego y deje cocer a fuego lento durante 15 minutos. Sazone y añada el tomate picado antes de servir.

Dore los codillos en 2 tandas y escúrralos sobre papel de cocina.

Incorpore el pimentón y la harina a la cebolla y remueva.

Retire la grasa formada sobre la superficie de la sopa.

Sopa de hortalizas primaverales

TIEMPO DE PREPARACIÓN: 30 minutos
+ 1 noche de remojo
TIEMPO DE COCCIÓN: 1 hora 15 minutos
Para 8 personas

100 g de judías pintas
2 cucharaditas de aceite de oliva
2 cebollas, finamente picadas
2 dientes de ajo, finamente picados
2,5 l de caldo de verduras
2 tallos de apio, finamente picados
2 zanahorias
2 patatas
150 g de judías verdes
2 calabacines
100 g de guisantes desgranados
2 cucharadas de perejil picado

1 Ponga las judías pintas a remojar con agua fría toda una noche. Escúrralas.

2 Caliente el aceite en una cacerola, añada la cebolla y cuézala a fuego lento hasta que esté tierna y transparente. Añada el ajo y sofría durante 1 minuto más. Incorpore las judías pintas, el caldo y el apio, y lleve a ebullición. Reduzca el fuego a bajo y cueza a fuego lento, con el recipiente tapado, durante 45 minutos o hasta que las judías estén cocidas.

3 Pique la zanahoria, las patatas, las judías verdes y los calabacines y añádalos a la cacerola. Cueza a fuego lento durante 15 minutos o hasta que las hortalizas casi estén hechas. Añada los guisantes y cueza 10 minutos más a fuego lento.

4 Sazone y añada el perejil picado.

Añada las judías escurridas a la cacerola y remueva con una cuchara.

Pique las hortalizas en dados del mismo tamaño.

Borscht de buey

TIEMPO DE PREPARACIÓN: 30 minutos
TIEMPO DE COCCIÓN: 2 horas 50 minutos
Para 4-6 personas

500 g de buey para el caldo, cortado en trozos grandes
500 g de remolacha fresca
1 cebolla, finamente picada
1 zanahoria, cortada en tiras finas
1 chirivía, cortada en tiras finas
75 g de calabaza, finamente rallada
crema agria y cebollino picado, para decorar

1 Ponga el buey en una cacerola de fondo grueso con 1 l de agua y lleve a ebullición lentamente. Reduzca el fuego, tape y deje cocer a fuego lento durante 1 hora. Espume la superficie cuando sea necesario.

2 Corte los tallos de la remolacha, lávela bien y colóquela en una cacerola de fondo grueso con 1 l de agua. Lleve a ebullición, reduzca el fuego y deje cocer a fuego lento durante 40 minutos o hasta que esté tierna. Escúrrala reservando 250 ml del líquido. Déjela enfriar, pélela y rállela.

3 Retire la carne del caldo, déjela enfriar y córtela en dados. Espume la grasa de la superficie del caldo. Vuelva a incorporar la carne al caldo con la cebolla, la zanahoria, la chirivía, la remolacha y el líquido reservado. Lleve a ebullición, reduzca el fuego y deje cocer a fuego lento durante 45 minutos.

4 Añada la calabaza, remueva y deje cocer a fuego lento durante 15 minutos más. Sazone al gusto. Sirva la sopa decorada con la crema agria y el cebollino.

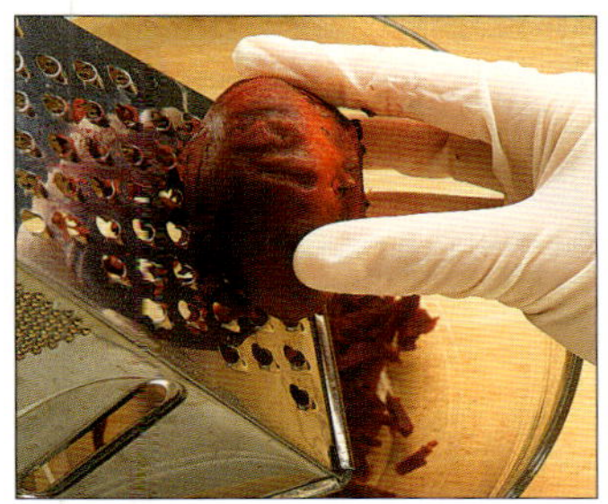

Para no mancharse, póngase unos guantes cuando ralle la remolacha.

Deje enfriar la carne y córtela con un cuchillo afilado.

Vierta el líquido de la remolacha en la sopa y llévela a ebullición.

Sopa de pollo con hortalizas

TIEMPO DE PREPARACIÓN: 1 hora + refrigeración
TIEMPO DE COCCIÓN: 1 hora 25 minutos
Para 6-8 personas

1,5 kg de pollo
2 zanahorias, groseramente picadas
2 tallos de puerro, groseramente picados
1 cebolla, cuarteada
2 ramitas de perejil
4 hojas de laurel
4 granos de pimienta negra
50 g de mantequilla
2 cucharadas de harina
2 patatas, picadas
250 g de calabaza, finamente picada
2 zanahorias, extra, cortadas en tiritas
1 puerro, cortado en tiritas
3 tallos de apio, extra, cortados en tiritas
100 g de judías verdes, cortadas en trozos pequeños
200 g de brécoles, separados en ramitos
100 g de guisantes preparados
50 g de espinacas troceadas
125 ml de crema de leche
15 g de perejil picado

Corte el apio adicional en tiras cortas y luego en tiritas.

Con un cuchillo, corte el extremo de las vainas de los guisantes.

Añada las ramitas de perejil y las hojas de laurel a la cacerola.

1 Para hacer el caldo de pollo, coloque el pollo en una cacerola con la zanahoria, el apio, la cebolla, el perejil, las hojas de laurel, 2 cucharaditas de sal y los granos de pimienta. Añada 3 l de agua, lleve a ebullición, reduzca el fuego y deje cocer 1 hora, espumando la superficie cuando sea necesario. Deje enfriar 30 minutos como mínimo. Filtre y reserve el líquido.

2 Retire el pollo y déjelo enfriar lo suficiente para poder tocarlo sin quemarse. Quítele la piel y deshuéselo; corte la carne en trozos pequeños y resérvela.

3 Caliente la mantequilla en una cacerola grande a fuego medio y, cuando espume, añada la harina. Déjela cocer removiendo durante 1 minuto. Retire del fuego y vaya incorporando el caldo. Vuelva a poner la cacerola sobre el fuego y lleve a ebullición, removiendo continuamente. Añada la patata, la calabaza y la zanahoria extra y deje cocer a fuego lento durante 7 minutos. Añada el puerro, el apio extra y las judías, y cueza 5 minutos a fuego lento. Por último, añada el brécol y los guisantes y cueza 3 minutos más.

4 Justo antes de servir, añada la carne de pollo, las espinacas, la crema y el perejil picado. Vuelva a calentar la sopa lentamente sin dejar que hierva. Remueva constantemente hasta que las espinacas estén tiernas. Sazone al gusto con sal y pimienta negra molida. Sirva de inmediato.

Deshuese el pollo y desmenuce la carne.

Añada la patata, la calabaza y la zanahoria adicional a la sopa hirviendo.

Incorpore la crema y remueva hasta que las espinacas estén tiernas.

Minestrone

TIEMPO DE PREPARACIÓN: 30 minutos
TIEMPO DE COCCIÓN: 1 hora 25 minutos
Para 6-8 personas

2 cucharadas de aceite de oliva
2 cebollas, picadas
2 lonchas de bacon, picadas
1 patata, groseramente picada
280 g de boniatos, groseramente picados
3 zanahorias, en rodajas
250 g de calabaza, en dados
400 g de col, a tiras
280 g de calabacín amarillo o verde, en rodajas
220 g de judías verdes, picadas
2 latas de 400 g de tomates picados
1,5 l de caldo de pollo
1 cucharadita de hierbas italianas
1 cucharadita de orégano seco
80 g de pasta como coditos o conchitas
300 g de judías blancas enlatadas
queso parmesano rallado

1 Caliente el aceite y fría la cebolla y el bacon de 3-4 minutos a fuego medio o hasta que la cebolla se dore. Reduzca el fuego un poco y añada la patata y el boniato. Remueva y deje cocer de 1-2 minutos, removiendo continuamente. Añada la zanahoria y la calabaza y deje que cueza 1-2 minutos más, removiendo continuamente.

2 Añada la col, la calabaza, el calabacín, las judías verdes, el tomate, el caldo y las especias. Suba el fuego y lleve a ebullición. Reduzca el fuego y cueza a fuego lento, con el recipiente tapado, durante 1 hora.

3 Añada la pasta y las judías blancas y deje cocer de 10-12 minutos, o hasta que la pasta esté tierna. Sazone al gusto y acompañe con el queso parmesano.

Corte el calabacín, pique las judías verdes y corte la col a tiras.

Fría el bacon y la cebolla hasta que la cebolla se dore.

Añada la pasta a la sopa y cuézala hasta que esté tierna.

Guarniciones

RÁPIDAS Y FÁCILES DE HACER, ESTAS GUARNICIONES VEGETARIANAS SON UNA FORMA EXCELENTE DE DECORAR LAS SOPAS. SÍRVALAS APARTE PARA QUE CADA COMENSAL SE PONGA LA CANTIDAD QUE DESEE. O AÑADA UNA CANTIDAD GENEROSA AL PLATO EN EL MOMENTO DE SERVIRLO. DE CUALQUIER FORMA, CONVIERTEN UNA SENCILLA SOPA EN UN PLATO MUY ESPECIAL.

ROUILLE

Corte 1 pimiento rojo grande y retire las semillas y la membrana blanca. Colóquelo con la piel hacia arriba bajo el grill precalentado. Áselo durante 5 minutos o hasta que la piel se haya chamuscado. Coloque el pimiento en una bolsa de plástico y déjelo enfriar. A continuación, pélelo. Córtelo en trozos grandes y colóquelo en el robot. Corte una patata en dados. Fríala hasta que esté tierna y, mientras aún está templada, colóquela en el robot con dos dientes de ajo picados y una yema de huevo. Triture hasta que la mezcla esté homogénea. Con el motor en marcha, incorpore poco a poco 125 ml de aceite de oliva hasta que la salsa se espese. En el ejemplo se ve una bullabesa pero también se puede servir con sopas de pescado. Para 6 personas.

PESTO DE TOMATES SECADOS AL SOL Y ROQUETA

Añada 70 g de hojas de roqueta picadas al robot. Incorpore 2 dientes de ajo picados y 50 g de queso parmesano rallado. Pique 35 g de tomates secados al sol y añádalos a la roqueta. Triture hasta que todo esté bien amalgamado. Añada 60 ml de aceite de oliva y triture de nuevo hasta que los ingredientes se mezclen bien. En la imagen se presenta con sopa de tomates asados, pero acompaña bien a casi todas las sopas de verduras. Para 6 personas.

PESTO DE CILANTRO

Ponga 100 g de hojas y tallos de cilantro picados en el robot. Añada 3 dientes de ajo picados, 50 g de parmesano rallado y una pizca de sal. Bata hasta que estén bien amalgamados. Con el motor en marcha, vaya añadiendo lentamente 60 ml de aceite de oliva, hasta que todo esté bien mezclado. Sirva con una sopa de hortalizas primaveral o con sopas de hortalizas. Para 6 personas.

CREMA DE YOGUR Y HIERBAS

Mezcle 185 g de yogur natural cremoso con 2 dientes de ajo picados, 3 cucharadas de menta finamente picada y 2 cucharadas de cilantro finamente picado. Añada 1 cucharada de zumo de limón y sazone. Agregue una cucharada generosa a las sopas *borscht, mulligatawny* o de calabaza asada, que aparece en el ejemplo. Para 6 personas.

ALLIOLI/AJOACEITE

Pique 6-8 dientes de ajo y póngalos en el robot. Añada 2 yemas de huevo y una pizca de sal y triture bien hasta que los ingredientes se hayan mezclado. Con el robot en marcha, añada muy lentamente 250 ml de aceite de oliva en forma de chorrito fino. Aquí aparece con una sopa de tomate especiada.

Título original:
Soups

Traducción:
Clara E. Serrano Pérez

Revisión y adaptación de la edición en lengua española:
Ana María Pérez Martínez
Especialista en temas culinarios

Coordinación de la edición en lengua española:
Cristina Rodríguez Fischer

Primera edición en lengua española 2006

© 2006 Naturart, S.A. Editado por Blume
Av. Mare de Déu de Lorda, 20
08034 Barcelona
Tel. 93 205 40 00 Fax 93 205 14 41
E-mail: info@blume.net
© 2004 Murdoch Books, Sídney (Australia)

I.S.B.N.: 84-8076-605-0

Impreso en China

Todos los derechos reservados. Queda prohibida
la reproducción total o parcial de esta obra,
sea por medios mecánicos o electrónicos,
sin la debida autorización por escrito del editor.

CONSULTE EL CATÁLOGO DE PUBLICACIONES *ON-LINE*
INTERNET: HTTP://WWW.BLUME.NET